BEI GRIN MACHT SICH IHR WISSEN BEZAHLT

- Wir veröffentlichen Ihre Hausarbeit,
  Bachelor- und Masterarbeit

- Ihr eigenes eBook und Buch -
  weltweit in allen wichtigen Shops

- Verdienen Sie an jedem Verkauf

Jetzt bei www.GRIN.com hochladen und kostenlos publizieren

GRIN☺

Bibliografische Information der Deutschen Nationalbibliothek:

Die Deutsche Bibliothek verzeichnet diese Publikation in der Deutschen National-bibliografie; detaillierte bibliografische Daten sind im Internet über http://dnb.d-nb.de/ abrufbar.

Impressum:

Copyright © 2019 GRIN Verlag
Druck und Bindung: Books on Demand GmbH, Norderstedt Germany
ISBN: 9783346142245

Dieses Buch bei GRIN:

https://www.grin.com/document/535299

Jonas Kopp

Planung eines Koordinationstrainings in Bezug auf Beweglichkeit

GRIN Verlag

GRIN - Your knowledge has value

Der GRIN Verlag publiziert seit 1998 wissenschaftliche Arbeiten von Studenten, Hochschullehrern und anderen Akademikern als eBook und gedrucktes Buch. Die Verlagswebsite www.grin.com ist die ideale Plattform zur Veröffentlichung von Hausarbeiten, Abschlussarbeiten, wissenschaftlichen Aufsätzen, Dissertationen und Fachbüchern.

Besuchen Sie uns im Internet:

http://www.grin.com/

http://www.facebook.com/grincom

http://www.twitter.com/grin_com

Einsendeaufgabe

Fachmodul: Trainingslehre 3

Studiengang: Gesundheitsmanagement

Inhaltsverzeichnis

1 Diagnose

1.1 Allgemeine und Biometrische Daten

In der folgenden Tabelle werden Allgemeine und Biometrische Daten einer fiktiven Testperson dargestellt.

Tab. 1:Allgemeine und Biometrische Daten der Testperson

Allgemeine Daten	
Alter	39
Geschlecht	Männlich
Körpergröße in cm	180
Körpergewicht in kg	81
Berufliche Tätigkeit	Zugführer bei der DB im ÖPNV
Trainingsmotive	Erhöhung der allgemeinen Beweglichkeit im Oberkörper und Unterkörper
	Verbesserung der Orientierungs- und Gleichgewichtsfähigkeit im Volleyball
Frühere sportliche Aktivität	25 Jahre Amateurvolleyballer im Verein, 2-mal 100 Minuten in der Woche
Aktuelle sportliche Aktivität	Ausdauertraining in Form von Fahrrad fahren, 5-mal die Woche 20 Minuten
	Amateurvolleyball im Verein, 1-mal die Woche 100 Minuten
Zeitliche Verfügbarkeit	2 Tage pro Woche, je 60-120 Minuten
Biometrische Daten	
Blutdruck	128 mmHg/81 mmHg
	➢ Die Blutdruckmessung ergab, dass die Person eine Normotonie besitzt. Dabei ist der systolische Blutdruck im Normalen-Bereich und der diastolische Wert ebenfalls im Normalen-Bereich. Die Messung ist an wissenschaftliche Normwerte angelegt.

BMI	25
	➤ Die Person besitzt ein Normalgewicht. Die Berechnung ist an wissenschaftliche Normwerte angelegt.
Einnahme von Medikamenten	keine
Sonstige Einschränkungen	keine

In der folgenden Tabelle werden die Normwerte für die Einstufung des Blutdrucks aufgeführt.

Tab. 2:Normwerte für die Einstufung des Blutdrucks (modifiziert nach Mancia et al.,2013)

Bewertungsstufen	Systolischer Blutdruck	Diastolischer Blutdruck
Normalblutdruck (Normotonie)		
optimal	< 120 mmHg	< 80 mmHg
normal	< 130 mmHg	< 85 mmHg
hochnormal	130-139 mmHg	85-89 mmHg
Bluthochdruck (arterielle Hypertonie)		
Stufe 1	140-159 mmHg	90-99 mmHg
Stufe 2	160-179 mmHg	100-109 mmHg
Stufe 3	> 180 mmHg	> 110 mmHg

1.2 Auswertung und Beurteilung der Daten aus Tab. 1 und Tab. 2

Die Testperson hat keine körperlichen Einschränkungen bzw. gesundheitlichen Probleme. Hinsichtlich des Verhältnisses zwischen Gewicht und Größe ist nichts auszusetzen. Die Person liegt mit einem BMI von 25 im Normbereich und besitzt ein Normalgewicht. Der Blutdruck entspricht den Normwerten und wird als Normotonie eingestuft. Daraus lässt sich schließen, dass keine Einschränkungen im Training bestehen und die Testperson trainierbar und belastbar ist. Der Proband ist demzufolge voll belast- und trainierbar.

2 Beweglichkeitstestung

2.1 Beweglichkeitstest

Für die Beweglichkeitstestung wird auf den manuellen Beweglichkeitstest nach Janda (1994) zurückgegriffen. In der folgenden Tabelle sind die Übungen und Ergebnisse beschrieben und aufgelistet zu finden.

Tab. 3:Beweglichkeitstest und Auswertung

Testübung	Durchführung	Bewertung	Ergebnis/Auswertung
1. Testung des M. Pectoralis major	Die Testperson nimmt die Rückenlage auf der Therapieliege ein. Dabei sind die Beine angewinkelt und die Füße sind auf der Liege platziert. Der Kopf liegt zentriert auf. DieWirbelsäule und der Beckenbereich werden fixiert auf der Liege gehalten während der Testung. Der zu testende Arm und das Schultergelenk werden in eine Außenrotation gebracht und vom Körper abduziert. Des Weiteren findet im Ellenbogen eine rechtwinklige Beugung statt. Es wird die Position des Oberarms zu der Horizontalen Linie als messbarer Bereich angesehen Der Test wird auf beiden Seiten durchgeführt.	Stufe 0: Der Oberarm erreicht die Horizontale und kann durch leichten Druck die negative erreichen. Der Oberarm erreicht Gradzahlen von >90°. Stufe 1: Die Horizontale kann nur durch Druck erreicht werden. Stufe 2: Der Oberarm erreicht die Horizontale auch durch Druck des Testers nicht.	Die zu testende Person erreicht beidseitig Stufe 0 und weist somit keine Beweglichkeitsdefizite auf.
2. Testung des Mm. Triceps surae	Die Testperson nimmt die Rückenlage auf Therapieliege ein. Das Bein, was nicht getestet wird ist angewinkelt und der Fuß steht auf der Liege. Das zu testende Bein ist gestreckt. Der Tester hebt das Bein an der Verse an und führt es in eine leichte Beugung. Dabei wird die	Stufe 0: Eine Dorsalextension ist bis 0° möglich Stufe 1. Eine Dorsalextension ist möglich, aber die 0° werden nicht komplett erreicht.	Der Proband erreicht beidseitig Stufe 0. Daher ist kein Bewegungsdefizit erkennbar.

	Verse weg vom Körper des Probanden gezogen. Gleichzeitig wird mit der anderen Hand, speziell mit dem Daumen, Druck auf den Vorfuß ausgeübt, sodass der Fuß in Richtung Schienbein zeigt. Der Test wird beidseitig durchgeführt.	Stufe 2: Eine Dorsalextension ist nur bis 10° unter der 0°-Stellung erreichbar.	
3. Testung des mm. ischiocrurales	Die Testperson nimmt die Rückenlage auf der Therapieliege ein. Das nicht getestete Bein steht auf der Liege. Dabei sind Knie und Hüftgelenk gebeugt. Das zu testende Bein wird vom Tester in die maximal zu erreichende Hüftflexion gebracht. Dabei muss das Bein komplett gestreckt bleiben und darf keine Beugung im Kniegelenk erreichen. Das Becken und die Lendenwirbelsäule müssen auf der Therapieliege fixiert bleiben. Der Test wird beidseitig durchgeführt.	Stufe 0: Eine Hüftflexion von 90° ist möglich. Stufe 1: Eine Hüftflexion ist zwischen 80°-90° möglich. Stufe 2: Eine Hüftflexion ist nur unter 80° möglich.	Die Testperson erreicht Stufe 1. Hier gibt es ein leichtes Bewegungsdefizit. Auch unter größerer Hilfe gelang keine 90° Flexion der Hüfte. Dieses Ergebnis liegt auf beiden Seiten vor.
4. Testung des M. iliopsoas	Die Testperson nimmt die Rückenlage auf der Therapieliege ein. Das Gesäß befindet sich hierbei genau abschließend am Rand der Behandlungsliege. Der Proband winkelt ein Bein an und zieht es zur Bauchdecke heran. Das andere Bein lässt er locker. Der Tester beobachtet die Flexion der Hüfte und des Beines. Als Messbereich gilt hierbei die Horizontale des Oberschenkels.	Stufe 0: Der Oberschenkel erreicht die Horizontale. Auch eine Flexion >90° ist möglich. Stufe 1: Der Oberschenkel erreicht die Horizontale nur durch Druck des Testers. Stufe 2: Der Oberschenkel erreicht die Horizontale auch mit	Der Proband erreicht Stufe 0 auf beiden Seiten. Demzufolge ist kein Beweglichkeitsdefizit erkennbar.

		Hilfen vom Druck des Testers nicht und liegt <90°.	
5. Testung des M. rectus femoris	Die Testperson nimmt die Rückenlage auf der Therapieliege ein. Das Gesäß befindet sich hierbei genau abschließend am Rand der Behandlungsliege. Der Proband winkelt ein Bein an und zieht es zur Bauchdecke heran. Das andere Bein lässt er locker. Anders als bei der vorherigen Testung wird hier der Winkel zwischen Oberschenkel und Unterschenkel gemessen. Durch eine wiederholte Flexion des Unterschenkels, ausgeführt vom Tester, kann der Winkel erneut abgelesen werden.	Stufe 0: Der Unterschenkel hängt senkrecht herab und erreicht die 90° ohne Hilfe des Testers. Es kann auch eine Flexion von >90° erreicht werden. Stufe 1: Der Unterschenkel erreicht nur durch Hilfe des Testers die 90°. Stufe 2: Der Unterschenkel erreicht auch durch Hilfe des Testers die 90° nicht.	Die zu testende Person erreicht auf beiden Seiten die Stufe 0. Es ist kein Beweglichkeitsdefizit zu vermerken.

2.2 Auswertung Beweglichkeitstest

Der Proband hat nur ein Beweglichkeitsdefizit, welches bei der dritten Testung hervorgetreten ist. Demzufolge sollte bei einem Beweglichkeits- und Dehntraining der Mm. ischiocrurales trainiert werden, um dort eine Verbesserung der Beweglichkeit zu erzielen. Bei der Testung hat sich der Proband wohl gefühlt und empfand die Testung als sehr angenehm.

3 Trainingsplan Beweglichkeitstraining

Für die Testperson wird ein Beweglichkeitstraining im Sinne eines Dehntrainings erstellt. Die Übungsauswahl ist an die Ziele des Probanden angepasst. Des Weiteren wird das Ergebnis des Beweglichkeitstests nach Janda berücksichtigt. Zuerst folgt eine detaillierte Beschreibung und Durchführung der Dehnübungen.

3.1 Trainingsplan

In der folgenden Tabelle ist der Trainingsplan für ein Beweglichkeitstraining detailliert aufgezeigt.

Tab. 4:Trainingsplan Beweglichkeitstraining

Zielmuskel	Dehnform/Arbeitsweise	Beschreibung
M. trapezius pars descendens	aktiv-statisch	Die Ausgangsposition ist ein Stand in Hüftbreite. Es findet eine Lateralflexion des Halses statt. Blickrichtung ist weiterhin nach vorne. Die gegenüberliegende Schulter geht in die Depression. Diese Position wird gehalten für 20 Sekunden
M. trapezius Mm rhomboidei	aktiv-dynamisch	Die Ausgangsposition ist ein Stand in Hüftbreite. Die Hände werden vor dem Körper verschränkt und befinden sich auf Schulterhöhe. In den Schulterblättern findet eine Protraktion nach ventral statt und der Kopf beugt sich. Diese Position wird für 2 Sekunden gehalten und wird wieder gelöst, in dem die Schulterblätter sich in Richtung Wirbelsäule bewegen. Der Kopf wird wieder etwas angehoben. Dieser Vorgang wird wiederholt, bis 30 Sekunden vergangen sind. Bei jeder Protraktion wird angestrebt, die Dehnposition zu verstärken, indem die Schulterblätter noch weiter nach vorne gezogen werden.
M. pectoralis major, M. biceps brachii, M. deltoideus pars clavicularis	aktiv-statisch	Die Ausgangsposition ist ein Stand in Hüftbreite. Die Bauch-, sowie die Gesäßmuskultur werden leicht kontrahiert. Die Hände wer-

		den hinter dem Körper verschränkt. Die Hand-innenflächen zeigen zueinander. Die Arme werden aktiv nach oben gezogen und gehal-ten. Es ist ein Zug im großen Brustmuskel und im vorderen Anteil des Deltamuskels zu spü-ren. Die Position wird für 20 Sekunden gehal-ten.
M. latissimus dorsi, M obliquus externus abdominis, M obliquus internus abdominis	aktiv-statisch	Die Ausgangsposition ist ein schulterbreiter Stand. Die Arme werden nach oben gestreckt. Der Schultergürtel bleibt neutral. Die Hände greifen ineinander. Der Oberkörper begibt sich in die Lateralflexion bis ein Zug auf der gegenüberliegen Seite zu spüren ist. Das Be-cken bleibt in neutraler Position. Diese Posi-tion wird für 20 Sekunden gehalten.
Ischiocrurale Muskeln (M. bi-ceps femoris, M. semitendi-nosus, M. semimembra-nosus)	aktiv-statisch	Die Ausgangsposition ist der Einbeinstand mit gestrecktem Bein auf einer in etwa hüfthohen Ablage (Sprossenwand etc.). Das Standbein ist leicht gebeugt und nicht in der Gelenk-endstellung. Das Bein, welches auf der Erhö-hung liegt, bleibt in der Extension. Der Ober-körper geht in die Flexion in Richtung Fuß. Die Position wird für 20 Sekunden gehalten.
M. adductor magnus	passiv sta-tisch	Die Ausgangsposition ist im Sitzen. Es wer-den beide Fußsohlen aneinandergedrückt. Die Knie werden unter Hilfestellung der Hände oder Ellenbogen nach unten gedrückt.
Ischiocrurale Muskeln (M. bi-ceps femoris, M. semitendi-nosus, M. semimembra-nosus)	aktiv-statisch	Die Ausgangsposition ist der maximale Grätschsitz. Die Hände befinden sich zwi-schen den Beinen auf den Boden abgelegt. Der Oberkörper geht in die Inklination nach ventral soweit, wie es geht. Der Rücken bleibt gerade und das Becken wird nach vorne ge-kippt. Die Dehnung wird für 20 Sekunden ge-halten.
M. tibialis anterior, langer Strecker der Füße/Ze-hen	passiv-sta-tisch	Bei dieser Übung wird ein Partner benötigt. Ausgangsposition ist der Langsitz. Der Part-ner greift mit den Händen den Spann der Füße und drückt diese nach unten in Richtung Boden. Die Beine befinden sich in der Exten-sion. Diese Position wird statisch für 20 Se-kunden gehalten.

| Mm. erector spinae | aktiv-statisch | Die Ausgangsposition ist der Vierfüßlerstand. Der Bauch wird nun aktiv angespannt und dorsal gezogen. Es findet eine Reklination der Wirbelsäule statt, bis der physiologische Bewegungsspielraum erreicht ist. Diese Position wird für 20 Sekunden gehalten. |
| Ischiocrurale Muskeln (M. biceps femoris, M. semitendinosus, M. semimembranosus) | Postisometrische Relaxation | Für die folgende Übung wird ein Partner benötigt. Die Ausgangsposition ist die Rückenlage. Es erfolgt ein fünfsekündiges Anspannen des Beines, welches gedehnt werden soll. Nach 5 Sekunden erfolgt die Relaxation des Beines. Daraufhin wird das Bein vom Partner in der Extension nach oben geführt. Diese Position wird 20 Sekunden gehalten. |

In der folgenden Tabelle ist das Belastungsgefüge für das Beweglichkeitstraining aufgezeigt.

Tab. 5:Belastungsgefüge Beweglichkeitstraining

	Statisch	Dynamisch	Postisometrisch
Trainingshäufigkeit	2x/Woche für 10 Minuten	2x/Woche für 10 Minuten	2x/Woche für 10 Minuten
Sätze pro Übung	3	3	3
Dehndauer	20 Sekunden bei Statisch	2 Sekunden halten und lösen, Gesamtdauer 30 Sekunden	Gesamtdauer pro Satz 30 Sekunden
Intensität	maximale Bewegungsreichweite	maximale Bewegungsreichweite	maximale Bewegungsreichweite

3.2 Auswertung

Mit dem Beweglichkeitstraining soll die Beweglichkeit verbessert werden. Durch den Beweglichkeitstest nach Janda wurde festgestellt, dass der Proband ein leichtes Beweglichkeitsdefizit besitzt. Aus diesem Grund wurden drei Übungen gewählt, die die Ischiocruralen Muskeln trainieren. Dabei wurden aktiv-statische und postisometrische Dehnmethoden verwendet, um das Beweglichkeitsdefizit auszumerzen. Laut dem American College of Sports Medicine (ACSM) (2011) wird eine Trainingsgesamtdauer von 10 Minuten pro Trainingseinheit empfohlen, sowie zwei bis vier Einheiten pro Woche. Da der

Proband nur 2x pro Woche trainieren kann, bietet es sich an, nach dem Volleyballtraining das Bewegllichkeitstraining durchzuführen. Es kann auch in den Alltag eingebaut werden, da es nur 10 Minuten in Anspruch nimmt. ACSM (2011) empfehlen die Übungen im aufgewärmten Zustand durchzuführen. Wenn statische Übungen trainiert werden, sollte eine Haltezeit von 10-20 Sekunden beibehalten werden. Es werden alle Muskelgelenksysteme trainiert, damit keine Bewegungsdefizite entstehen. Die Übungen sind chronologisch geordnet und beginnen im Stand und gehen dann in sitzende oder liegende Übungen über.

4 Koordinationstraining

Für die Testperson sind folgende Gleichgewichtsübungen im Koordinationstrainingsplan enthalten. Die Übungen werden im Einzelnen detailliert beschrieben. Es folgt das Belastungsgefüge des Koordinationstrainings unter Bezugnahme der Biometrischen Daten. Da es das Ziel der zu testenden Person ist, die Orientierung- und Gleichgewichtsfähigkeit beim Volleyball zu verbessern, werden Übungen für einen Sprungaufschlag trainiert.

4.1 Gleichgewichtstraining

Bei den folgenden Übungen ist darauf zu achten, dass an jedem Belastungspunkt die Körperspannung gehalten wird, damit die Verletzungsgefahr bei manchen Übungen vermindert wird. In der folgenden Tabelle sind die Übungen für ein Gleichgewichtstraining detailliert aufgezeigt.

Tab. 6:Gleichgewichtstraining

Übungen	Beschreibung
1. Schwung holen	Die Testperson nimmt einen stabilen, etwa hüftbreiten Stand ein. Aus dieser Position findet eine Retro- und Anterversion der Arme statt. Diese Übung wird für 30 Sekunden ausgeführt.
2. Schwung holen mit Beineinsatz	Die Person nimmt die Position der vorherigen Übung ein. Aus dem Stand erfolgt die Retroversion und Anterversion der Arme. Gleichzeitig, während der Retroversion, erfolgt eine Flexion des Kniegelenks.

		Auf die Anterversion des Armes folgt die Extension des Beines. Diese Übung dauert 30 Sekunden an.
3.	Springen	Es folgt ein Sprung aus dem Stand nach oben. Die Person befindet sich in einem hüftbreiten Stand. Die Person nimmt Schwung, in dem in den Beinen eine Flexion des Kniegelenks stattfindet. Es erfolgt eine schnelle Extension des Kniegelenks, sowie eine Plantarextension des Fußes. Diese Übung wird für 30 Sekunden ausgeübt.
4.	Springen mit Schwung	Es werden die Übungen 2 und 3 kombiniert. Es erfolgt nun das Schwungholen mit den Armen und das Springen aus den Beinen. Es wird eine höhere Sprunghöhe erreicht. Für 30 Sekunden wird diese Übung ausgeführt.
5.	Anwerfen mit Volleyball	Der Proband wirft den Volleyball mit beiden Händen nach oben. Die Person hat einen hüftbreiten Stand. Der Ball wird mit beiden Händen vor dem Körper wieder aufgefangen. Die Person soll ein Gefühl davon bekommen, welche Zeit vom Verlassen der Hände bis zum Auffangen der Ball benötigt. Dabei ist wichtig, dass der Proband den Blick auf den Ball richtet. Diese Übung wird 30 Sekunden lang trainiert.
6.	Einarmiger Anwurf	Es erfolgt eine ähnliche Übung. Die Person wirft den Ball nur mit der Wurfhand nach Oben und fängt den Ball wieder mit beiden Händen. Dabei besitzt die Person wieder einen hüftbreiten Stand. Die Testperson behält dabei die Blickrichtung zum Ball. Diese Übung wird wieder für 30 Sekunden ausgeführt.
7.	Anwurf auf Balance Pad	Es erfolgt die gleiche Übung, wie bei der sechsten Übung. Es kommt dazu, dass die Person auf einem Balance Pad steht. Der Anwurf erfolgt wieder nur mit der Wurfhand. Die Blickrichtung ist zum Ball. Die Person muss sich konzentrieren, um nicht vom Balance Pad zu fallen und muss das Gleichgewicht halten. Es wird für 30 Sekunden trainiert.
8.	Aufschlag	Die Testperson wirft den Ball mit der Wurfhand an. Dabei erfolgt ein hüftbreiter Stand. Der Proband schlägt mit gestrecktem Arm an den Ball. Die Blickrichtung ist dabei stets zum Ball gerichtet. Wichtig ist, dass der Proband genau abpassen muss, wann der

	Ball sich im Schlagbereich des Armes befindet. Dieser Vorgang wird für 30 Sekunden wiederholt.
9. Anlauf mit Ball	Die zu testende Person wirft den Ball so an, dass sie drei Schritte braucht, um den Ball wieder zu fangen. Der Proband wirft den Ball nach oben und leicht nach vorne. Die Blickrichtung ist wieder zum Ball gerichtet. Es wird für 30 Sekunden trainiert.
10. Zielübung: Anwurf mit Sprung	Die Testperson wirft den Ball mit einer Hand nach oben und leicht nach vorne. Es werden drei Schritte absolviert. Beim letzten Schritt erfolgt die Flexion des Kniegelenks und die Retroversion der Arme. Die Person springt ab und schlägt an den Ball. Die Person landet mit beiden Beinen auf dem Boden. Die Blickrichtung ist zum Ball gerichtet.

In der folgenden Tabelle ist das Belastungsgefüge für das Gleichgewichtstraining aufgezeigt.

Tab. 7:Belastungsgefüge Gleichgewichtstraining

Trainingshäufigkeit pro Woche	2 wöchentlich
Sätze pro Übung	3
Satzpausen	60 Sek.
Belastungsdauer	30 Sek.

4.2 Auswertung

Der Trainingsplan sollte nach sechs Wochen verändert werden bzw. optimiert werden. Die Trainingshäufigkeit liegt bei 2 x die Woche, da die Testperson nur 2x pro Woche Zeit aufbringen kann. Es kann während des Volleyballtrainings geübt werden. Die andere Einheit kann im Freien absolviert werden.

Die Übungen sind so gewählt, um die Orientierungsfähigkeit und vor allem die Koordination zu verbessern. Bei der Zielübung ist das Zusammenspiel der einzelnen Körperpartien wichtig. Nach Neumaier (1999, S.113) fallen bei so einer Zielübung viele Druckbedingungen an, beispielsweise der Präzisionsdruck, den Ball genau treffen und über das Netz spielen zu können. Der Komplexitätsdruck spielt hier auch eine große Rolle. Es müssen viele Muskelgruppen aktiviert werden und viele ablaufende Bewegungen müssen koordiniert werden. Selbstverständlich spielt Belastungsdruck eine Rolle. Des Weiteren muss der Körper verschiedene Informationen verarbeiten, wie z.b. optische, taktile und akustische Informationen. Diese Übungen trainieren vor allem das Zusammenspiel der einzelnen Muskelgruppen und die Hand-Augen-Koordination. Des Weiteren sind diese Übungen sinnvoll, da der Proband nicht nur während einer Angabe diese Bewegungen ausführen muss, sondern auch während des Volleyballspiels in solche Situation kommen kann, in denen ein Schlag an den Ball während eines Sprungs erfolgen muss. Dabei ist die Orientierung im Raum wichtig, da der Proband nur in Richtung Decke schaut. Durch das Balance Pad wird das Fuß-, sowie das Kniegelenk trainiert. Außerdem wird die Orientierungsfähigkeit geschult.

5 Dehntraining als Verletzungsprophylaxe

5.1 Studienvergleich

In der folgenden Tabelle sind Studien aufgezeigt, die die Hypothese unterstützen sollen, ob Dehntraining als Verletzungsprophylaxe geeignet ist.

Tab. 8:Studienvergleich

Titel	Effects of a Static Stretching Program on the Incidence of Lower Extremity Musculotendinous Strains	Prevention of running injuries by warm up, cool-down, and stretching exercises
Quellenverweiß	Cross & Worrell. Effects of a Static Stretching Program on the Incidence of Lower Extremity Musculotendinous Strains. in *Journal of Athletic Training*	Mechelen. Prevention of running injuries by warm-up, cool-down, and stretching exercises. in *American Journal of Sports Medicine*
Wer hat die Studie durchgeführt?	Kevin M. Cross, Ted E. Worrell	Willem van Mechelen
In welchem Jahr wurden die Studien publiziert?	1999	1993
Welche Forschungsfrage wurde untersucht?	Gibt es Auswirkungen eines statischen Dehntrainings auf die Inzidenz der unteren Extremitäten?	Gibt es Auswirkungen einer Intervention zur Verhinderung von Laufverletzungen durch Aufwärm-, Abkühl- und Dehnübungen?

Mit welchen Versuchspersonen wurden die Studien durchgeführt?	195 College Football Spieler im Alter von 18-20 Jahren	159 Läufer, Kontrollgruppe: 167 Läufer, Insgesamt 326 Männer
Wie sah der Versuchsaufbau aus?	Der Beobachtungszeitraum lag in über zwei Saisonen. In der ersten Saison wurde sich vor der Belastung nicht gedehnt. Die Belastung lag bei einem Sprinttraining. Es musste 6-18-mal die Strecke von 110 Yards auf Zeit absolviert werden. In der zweiten Saison wurde ein sechsminütiges Dehntraining vor dem Sprinttraining durchgeführt. Dabei wurde speziell der M. quadriceps femoris, die Hüftadduktoren und der Zwillingswadenmuskel gedehnt.	Die Interventionsgruppe mit 159 Läufern wurde vor der Studie über richtiges Dehnen und Aufwärmen informiert und sollten es über 16 Wochen durchführen. Dehnen bestand aus einem zehnminütigen Programm für vier Muskelgruppen. Daraufhin sollten alle Läufer der beiden Gruppen über 16 Wochen lang Tagebuch führen. Nach 16 Wochen wurde das Wissen der Interventionsgruppe abgefragt.
Ergebnisse	In der ersten Saison verletzten sich 155 Spieler, 43 (27,7%) davon erlitten eine Muskelsehnenzerrung. In der zweiten Saison verletzten sich 153 Spieler, davon erlitten 21 (13,7 %) Spieler eine Muskelsehnenzerrung.	23 Verletzungen wurden in der Kontrollgruppe festgehalten und 26 Verletzungen in der Interventionsgruppe. 16 der 49 Verletzungen waren Zerrungen. Die Kontrollgruppe dehnte sich im gleichen Ausmaß, wie die Interventionsgruppe.
Schlussfolgerung	Das Dehntraining bewirkte in der ganzen Saison ein verringertes Verletzungsrisiko der Spieler in Bezug auf die Muskelsehnenzerrungen. Allerdings verletzten sich fast genauso viele Spieler in der zweiten Saison, wie in der ersten. Lediglich die Anzahl der verletzten Spieler, die eine Muskelsehnenzerrung erlitten, war deutlich geringer. Das lässt darauf schließen, dass die Sehnen und die	Die Intervention war nicht erfolgreich für eine Reduzierung der Verletzungen. Demzufolge nimmt das Wissen, bzw. Unwissen über korrektes Aufwärmen und Dehnen keine Auswirkungen vor Durch das Unwissen ist prozentual ein geringes Verletzungsrisiko zu erwarten.

| | Muskeln durch das Dehnen strapazierfähiger geworden sind. Der Muskel-Sehnen-Apparat hat sich durch das Dehntraining verstärkt und somit führte es zu einem geringeren Verletzungsrisiko beim Sprinttraining. Daraus kann man schließen, dass ein Dehntraining der unteren Extremitäten vor einem Sprinttraining angemessen sein kann, um Verletzungen vorzubeugen. | |

5.2 Auswertung

In den beiden Studien wurden unterschiedliche Ergebnisse veröffentlicht. Die Studie von Cross belegt den Vorteil vom Dehntraining als Verletzungsprophylaxe. Die Studie von Mechelen belegt diese Behauptung nicht. Die Studien wurden unterschiedlich aufgebaut und durchgeführt. Ein Vergleich der Studie ist nicht möglich, da es sich um verschiedene Sportarten, eine andere Durchführung und andere Methoden handelt.

6 Literaturverzeichnis

ACSM (American College of Sports Medicine) (2011). American College of Sports Medicine position stand. Quantity and quality of exercise for developing and maintaining cardiorespiratory for prescribing exercise. *Medicine and Science in Sports and exercise* 43 (7), 1334-1359

Cross, K. M., & Worrell, T. W. (1999). Effects of a Static Stretching Program on the Incidence of Lower Extremity Musculotendinous Strains. *Journal of Athletic Training.* 34 (1), 11-14.

Janda, V. (1994 (a)). In V. Janda, *Manuelle Muskelfunktionsdiagnostik,* überarbeite Auflage (S.262-277). Berlin: Ullstein Mosby GmbH & CO.KG.

Mancia, G., Fagard, R., Narkiewicz, K., Redon, J., Zanchetti, A., Böhm, M. et al. (2013). 2013 ESH/ESSC Guidelines for the management of arterial Hypertensio. The task force for the management of arterial hypertension of the European Society of Hypertension (Esh) and of the European Society of Cardiology (ESC). *Journal of Hypertension,* 31 (7), 1281-1357

Mechelen, W. van (1993). Prevention of running injuries by warm up. *American Journal of Sports Medicine,* 21 (5), 711-719.

Neumaier, A. (1999). *Koordinatives Anforderungsprofil und Koordinationstraining.* Köln: Strauß

7 Tabellenverzeichnis